MÉMOIRE

D'UN PRÊTRE INNOCENT

A SA SAINTETÉ PIE IX, PAPE

OU

LA PROVIDENCE

DANS L'AFFAIRE D'ARUDY.

« Pardonnez-leur; car ils ne
« savent ce qu'ils font. »

TARBES

TH. TELMON, IMPRIMEUR DE LA PRÉFECTURE

1868

MÉMOIRE

D'UN PRÊTRE INNOCENT

A SA SAINTETÉ PIE IX, PAPE

ou

LA PROVIDENCE DANS L'AFFAIRE D'ARUDY

« Pardonnnz-leur, car ils ne savent ce qu'ils font. »

———⦂⦂———

Je m'adresse avec une douce émotion au représentant de Jésus-Christ sur la terre. Quel bonheur pour le cœur d'un prêtre longtemps persécuté, lorsque, du fond de la Société où tant de passions attaquent le bien, il élève des regards humides, quoique assurés, vers la région sereine que le successeur de saint Pierre habite, au-dessus des agitations des hommes! Vicaire de Notre Seigneur, pasteur des brebis et des agneaux, il est chargé de faire fleurir la vérité et les saints canons autant dans les rangs des évêques que parmi les simples prêtres répandus dans l'univers.

Or, les saints canons sont hautement violés au diocèse de Bayonne, canton d'Arudy, où je suis curé du chef-lieu. Le Prélat vénéré, de qui j'ai attendu en vain la fin du désordre, ne cesse au contraire de marcher ostensiblement à sa tête. C'est donc vers le Prince des pasteurs que je dois enfin tourner mes espérances, et solliciter une de ces paroles émanées du divin Jésus, qui font taire les vents et calment les tempêtes.

Baisant humblement les pieds sacrés du Père commun des chrétiens, j'obéis aux ordres réitérés de la Ste-Vierge Immaculée de Lourdes; je remplis enfin un devoir dont je me reprocherais d'affaiblir ou de différer davantage l'accomplissement.

Loin de moi d'abord la pensée de porter plainte ici contre

personne, de demander des rigueurs, un blâme même contre mes inférieurs ou mes égaux, moins encore contre mes supérieurs. Je me borne à signaler un désordre trop grand, trop long, trop certain, et je demande qu'il finisse. Depuis que les tribunaux ont flétri mes calomniateurs ostensibles, j'ai bien facilement pardonné les injures et les injustices dont je suis victime. Quand la loi civile sur la prescription des délits me permettait de faire poursuivre des complices, j'ai préféré, dans mon premier mémoire, élever mon pardon jusqu'au Trône impérial. Réitérant cet acte de clémence dans le deuxième adressé aux évêques de France, j'ai exprimé les douces joies de *la charité qui a pardonné*; je remets en outre ici les frais et les dommages qui me sont dus. Ma démarche actuelle n'a donc rien d'intéressé pour moi, ni de personnel contre mes ennemis. Je reste fidèle à ma parole donnée au Souverain, puis à l'épiscopat français. Je ne viens donc pas soumettre au St-Siége une affaire contentieuse. Je ne saurais proposer que ce qui est fini ne le soit pas. Si l'on pouvait revenir sur ce qui est terminé par la justice, ni les propriétés les plus justes ni les renommées les plus notoires, rien ne serait stable sous le soleil En remettant d'ailleurs en question ce qui a force de loi depuis quatre ans, j'imiterais certaines protestations trop propres à perturber le royaume de Dieu comme celui des hommes.

Non, je ne demanderai point ce que ne peut m'accorder dans sa haute prudence un pontife suprême aussi juste que ferme et courageux, ce que n'exige nullement ma réputation sacerdotale ni personnelle. En effet, faisant abstraction de l'autorité si respectable des tribunaux qui ont prononcé, envisageant la question au point de vue purement rationnel, il est manifeste que la pureté de mes mœurs, la sévérité de ma tenue morale, ma douceur, ma probité, ma charité, mes facultés intellectuelles, sont hors de conteste de tout point. On a fait sur ces chefs divers tant d'enquêtes civiles et judiciaires! Celles-ci comprennent, à elles seules, une centaine de témoins reçus sous la foi du serment. Pas une personne, ayant eu avec moi quelque rapport perceptible de nature sociale ou religieuse, qui n'ait été entendue par la justice et mise en demeure de révéler l'infiniment petit. On n'a rien déposé, rien trouvé contre moi. Ces grandes investigations ont produit ma justification la plus complète, abstraction faite des jugements. Par conséquent, ma réputation est, à tous les points de vue, hors de conteste. J'ai recouvré pleinement l'honneur légal et l'honneur naturel; j'ajouterais officiel, ecclésiastique , n'était d'abord l'abstention de l'Evêque, et son rôle ensuite trop actif, dont Rome a le droit de lui demander compte, sans que je le sollicite jamais.

Eu second lieu, ma raison répugne encore davantage à ce qu'on punisse les auteurs des bruits calomnieux répandus verbalement contre la chose jugée depuis 1864 jusqu'en 1867. Sans parler de quelques mémoires secrets, de certains libelles occultes ; voici en abrégé les fables odieuses, mais contradictoires, inventées et débitées aux nombreux moutons de Panurge, par ceux qui se croyaient matériellement ou moralement condamnés par les tribunaux.

D'abord :

« Le triomphe de ma cause serait celui de l'injustice des « magistrats, et de je ne sais quels rapports tendus de l'Etat « avec mon évêque. » — Quelle insigne fausseté !

Puis au contraire :

« Tout puissant à Paris et à Pau, mais surpris par les arrêts « de la justice prompts comme la foudre, il n'aurait pas eu le « temps de déployer son influence. Je ne l'aurais ni prévenu ni « consulté, avant de porter la question devant les juges laï- « ques. » — Rien au monde de plus mensonger !

Enfin :

« J'aurais montré une cruauté toute gratuite en faisant répri- « mer les calomnies contre mon honneur. Personne au monde « n'y aurait jamais cru : tant ma renommée aurait plané au- « dessus des nuages. » — Quel artifice ! comme si la calomnie n'avait pas conduit le Sauveur lui-même à la mort !

Mais cependant, avec contradiction :

« Ma réputation resterait bien et dûment perdue malgré les « jugements. Je devrais être très coupable, puisque l'évêque « avait d'abord refusé quatre ans de me rendre justice ; qu'il « m'avait ensuite frappé comme doyen après mon triomphe ; « et qu'il avait depuis lors pris contre moi le parti des con- « damnés en 1864, 1865, 1866, 1867. Sa conduite envers moi, « durant ce long espace de temps, équivaudrait à un jugement « implicite et continu contre les arrêts de la justice ; or, les dé- « cisions d'un évêque pèseraient plus que celles des ma- « gistrats dans la balance de l'histoire !

Assurément cette conduite n'est que trop connue de tous. Mais il sera facile de prouver ce qu'elle peut peser dans la balance de l'histoire. Ces calomnies atroces que l'on répandit dans le public de 1864 à 1867, j'avais évidemment le droit d'y répondre. La Providence m'enjoignit de les réfuter par la publication de mon mémoire à S. M. l'Empereur Elle eut lieu dans mon canton, seulement pour les Basses-Pyrénées. Cet écrit les fit tomber complètement. Après trois ans de patience et de silence de ma part, ce n'était certes pas trop tôt. Personne n'osera plus répéter ces mensonges, après m'avoir lu attentivement. On ne braverait pas impunément l'opinion publique éclairée par les faits et les dates cités, par les témoignages et les documents connus. Je repousse donc toute répression même ecclésiastique de ces nouvelles diffamations J'y renonce avec d'autant moins de mérite et d'effort qu'elles sont anéanties par mon premier travail. Il serait du reste superflu d'expliquer le désordre sacerdotal qu'elles ont causé dans mon canton. On voit à quel point elles sont opposées au respect dû par le clergé pour les décisions les plus mûries, les plus solennelles des tribunaux, sans parler du culte que doit professer le prêtre pour la vérité, pour l'équité, qui est le fond et la forme de ma cause dans cette affaire.

Mais la Providence m'ordonna bientôt d'imprimer, d'adresser plus tard à l'épiscopat un autre Mémoire. J'en avais le droit et le devoir. En effet, il y a eu constamment, depuis les jugements dans le journalisme, un autre genre de diffamation, nullement réfuté par mon premier écrit, savoir : l'éloge hautement proclamé du coupable. Je m'étais opposé. dans l'intérêt de l'Eglise, à ce qu'on publiât dans les gazettes les arrêts des tribunaux. Par suite, la presse conservatrice n'en a jamais parlé. Mais je ne pus solliciter le silence de mes ennemis, qui le sont quelquesuns de la religion. Une lettre publiée au commencement de 1865 par le journal parisien *le Temps*, et aussitôt reproduite en chœur par ses confrères de la capitale et des provinces, vint annoncer à cent mille lecteurs que *la condamnation de mon vicaire avait grandement surpris le pays*, à cause de ses *bons antécédents et de l'estime dont il jouissait*. L'auteur et l'instigateur anonymes de cette lettre étaient facilement connus. Restait à savoir si l'autorité diocésaine y était étrangère ; or, elle laissa continuer ce scandale contre la chose jugée, si bien commencé dans les numéros de la presse avancée. La gazette de notre évêque, alors intitulée *les Petites affiches bayonnaises*, se hâta de faire écho en 1865, 1866, 1867. Elle inséra diverses lettres datées d'Irun et signées des initiales G. G. L'auteur anonyme de ces écrits exaltait longuement les vertus de l'ex-vicaire, condamné cependant par la justice *pour avoir manqué dans cette affaire à tous ses devoirs d'homme et de prêtre*. Il le représentait au contraire comme *un ecclésiastique bon, saint, excellent, zélé, convertisseur de nombreux protestants*. Ces éloges si faux, si bruyants d'un coupable, publiés par un journal autorisé, furent reproduits par une partie de la

presse religieuse de France ; ils allèrent retentir comme une
consolation pieuse dans plusieurs palais de nos évêques, et provoquer des discussions dans les Pyrénées. Mgr de Bayonne les
ratifia, les confirma bien clairement par sa tournée de confir-
mation dans mon canton, par son acte au moins insolite, extra-
légal de Sévignacq. Or, je n'avais rien répondu aux journaux,
et je m'étais opposé à toute réplique.

Il allait donc être avéré, par mon silence, pour la postérité et
pour mes contemporains, que la condamnation de mon ex-
vicaire était une des iniquités du XIXᵉ siècle contre le sacer-
doce. Des lettres anonymes avaient suffi. Insérées dans de nombreux journaux de diverse couleur ; combinées avec les actes,
les paroles, la conduite administrative d'un évêque ; commen-
tées par des myriades de lecteurs, elles allaient, chose étrange !
imprimer à jamais un sceau d'ignominie sur le front de la justice, de la vérité, de l'innocence, et presque canoniser un condamné ! tant il est facile d'égarer l'opinion du présent et de
l'avenir, si on l'abandonne.

Donc la Providence mit dans mes mains quinze lettres et dit :
Fais-les connaître aux évêques de France et à quelques prêtres éminents de ton diocèse.

Dans ces quinze lettres, le coupable se peint lui-même tel
qu'il est, tel qu'il a été quatre ans dans ma paroisse : tableau
précisément contraire à celui qu'avait présenté si bruyamment
le journalisme français dans ses nuances d'opposition extrême
ou modérée.

Je démontrerai devant n'importe quel tribunal régulier que
ces quinze lettres ne sont ni apocryphes ni imaginaires, et que
les extraits publiés dans mon deuxième Mémoire sont plus
qu'exacts, qu'ils atténuent l'odieuse vérité au lieu de la gros-
sir ; qu'ils taisent des énormités, des horreurs, dans l'intérêt de
la religion et de la morale publique.

Frappé de nouveau à mort, couvert de confusion par cette
autre publication, le noir génie de mon affaire s'est mis à protester à sa façon, sans dire une seule proposition qui soit
vraie ! Je vais le démontrer enfin, après sept mois d'un silence
conseillé par la Ste-Vierge de Lourdes. Je fais d'abord observer sans surprise, mais avec une filiale douleur, que cette protestation du coupable est une circulaire, portant le nom du
typographe qui imprime le journal, les livres, les actes publics
et administratifs de notre Evêque. Elle a été jetée au vent de la
publicité, ce me semble, pour endormir la juste indignation de
l'épiscopat français. La voici dans sa teneur, avec quelques
réflexions :

« Irun, le 6 mars 1868.

« Le curé d'Arudy, M. Bergé, a publié contre moi tout ré-
« cemment une brochure en 16 pages. Elle fait suite à son se-
« cond mémoire et est intitulée : 5e *chapitre*. Je viens de la
« recevoir à l'instant. »

Autant d'erreurs plus ou moins volontaires qu'il y a d'énon-
ciations. La publication dont il s'agit est un mémoire, une
adresse *à messeigneurs les évêques de France* ; c'est le titre
même qu'elle porte : ce n'est pas une *brochure*. Il plaît à ce
monsieur de remplacer le vrai titre par ce qui est seulement
un numéro d'ordre : 5e *chapitre*. L'idée d'une adresse au haut
clergé lui donne de l'ombrage ; il l'écarte de l'esprit de son
lecteur, et pour cause, on va le voir. La prétendue *brochure*,
dit-il, *fait suite à son second mémoire*, il fallait dire au premier : personne n'ignore que celui de mon avocat n'est point de
moi, et je n'ai aucune convoitise pour les belles plumes du
paon. *Il a publié tout récemment... le 6 mars !* Oui, *tout récemment* pour les prélats français, qui ont reçu leur mémoire les
1, 2, 3 mars, suivant les distances : voici apparaître le petit
bout de son oreille avec un brin de la vérité qu'il veut cacher..
Non, *tout récemment*, pour ce monsieur, pour les prêtres éminents du diocèse et pour les doyens voisins d'Irun, qui reçu-
rent tous ce mémoire le 2 février précédent. Non, à plus forte
raison, pour l'auteur de la protestation ; il en avait connaissance, même deux mois avant tous les doyens et ses voisins ;
car, sur l'avis de Notre-Dame de Lourdes, j'en avais envoyé
deux exemplaires, le 16 novembre, à M. Menjoulet, vicaire général, avec autorisation d'en faire remettre un sûrement à l'exilé
d'Irun. Le croira donc qui pourra, quand il ajoute, le 6 mars :
« Je viens de le recevoir à l'instant. » Laissons-le continuer
sans trop le contredire : « J'avais cru jusqu'à présent que le
« silence était la plus convenable et la meilleure des réponses.
« Mais, en présence d'une *calomnie* qui s'attaque non seule-
« ment à l'honneur sacerdotal, mais encore à la dignité de
« chrétien, je dois, malgré moi, sortir aujourd'hui de ma ré-
« serve. »

C'est trop mépriser ses lecteurs. Comment ! après avoir fait
gémir quatre ans les presses de cent gazettes, venir se vanter
de son silence! Oser se targuer de sa réserve passée quand on
a entretenu trois ans toute la France de ses vertus, de son zèle,
de sa sainteté, quand on n'a cessé de jeter ce bouquet au front
de la magistrature française ! Prenez-vous donc pour des idiots
tous vos lecteurs, même les prélats de ma patrie? Le silence,
la réserve, l'humilité du prêtre touchent leurs grands cœurs.

Mais vous apprendrez peut-être jusqu'où va leur indignation devant le mensonge!!! Il rompt enfin le silence, dit-il, parce qu'il est *maintenant en présence d'une calomnie qui s'attaque non seulement à la dignité sacerdotale, mais encore à la dignité de chrétien.* Quelle immorale explication, si elle n'était risible ! Depuis quatre ans, le mémoire judiciaire de mon avocat, puis le mien adressé à S. M. l'Empereur, attaquaient en lui le fastique calomniateur, l'acteur exceptionnel d'un rôle vil, odieux, indigne du prêtre, indigne du chrétien, indigne de l'infidèle, indigne du barbare. Il ne fallait pas sortir de sa réserve pour si peu, pour ce rien! mais pour la seule dignité de *chrétien*, c'est autre chose. Voilà bien toute la longueur de son oreille. Eh quoi ! il était inutile de protester contre le travail de mon avocat, constellé de preuves, de témoignages, des textes même des jugements. Il ne fallait pas non plus s'élever contre mon premier écrit, éclatant de faits et de documents. Mais on ne peut se dispenser de sortir en présence de mon Mémoire aux évêques, qui ne prouvant rien, se borne à offrir des preuves. Pourquoi donc ? C'est qu'il est adressé à nos grands maîtres en dignité chrétienne, en respect sacerdotal ! Tel est le seul motif qui, forçant la main de son puissant protecteur, l'oblige enfin lui-même à sortir de sa tanière, à montrer tout un tissu d'habiletés puniques dans sa queue de renard !

Ainsi le motif pris de la dignité du prêtre ou du chrétien est une évidente fausseté. Passons encore ce véridique préambule et arrivons au fait.

« Je proteste donc, et avec toute l'énergie de mon âme, con-
« tre tous les Mémoires que depuis bien longtemps M. Bergé a
« publiés contre moi. Je proteste surtout, avec toute la force
« dont je suis capable, contre les quinze lettres qu'il m'attribue,
« lettres qu'il dit posséder, et dont il cite de prétendus extraits.
« Et voulant que le clergé et le département connaissent ma
« juste indignation, je recours à ce moyen pour les déclarer
« toutes apocryphes ou imaginaires. C'est pour le moment ce
« à quoi je me borne. — Espagnolle. »

Ainsi ce monsieur protestant avec l'énonciation de l'énergie, de la force, de l'indignation, ne trouve dans son style aucun des accents de la nature vraiment indignée. Voici qui est de plus trop facile et trop leste : il proteste en général, en masse, contre tous mes Mémoires, sans rien spécifier, ni faits, ni documents. Cela sent trop son plaideur qui se désiste, qui balbutie une misérable excuse. Il le voit lui-même; il comprend qu'il doit spécialiser quelque chose ; il finit en protestant en particulier contre les quinze lettres *dont je cite de prétendus extraits*. Le voilà pris, convaincu de son aveu, dès qu'il a voulu protester en détail contre quelque chose.

Je ne cite en effet que des *extraits* de ces quinze lettres. Mais de grâce, comment le sait-il ? Par d'autres ? Non, je les ai reçues bien cachetées ; elles sont restées secrètes. Par moi, par mon Mémoire ? J'y dis bien que *j'ai cité la moitié environ de ces noires missives*. Mais est-ce la moitié en quantité ou en nombre ? je ne le dis pas ; ce monsieur le dit ; il affirme que c'est en *extraits*, en quantité. Comment le sait-il, s'il n'en est l'auteur ?

Mais surtout comment peut-il déclarer que ce sont de *prétendus* extraits ? Ce ne peut être qu'après avoir comparé au moins mentalement ces extraits avec les originaux. Il connaît donc ces infâmes lettres. Il en est donc l'auteur ou l'instigateur immédiat. C'est ce qu'il fallait démontrer. *Mentita est iniquitas sibi.* C'est assez, c'est trop, en attendant les preuves de fond devant une justice régulière qui veuille s'en saisir et en connaître !

C'est pour le moment ce à quoi je me borne. Il y a sept mois bien sonnés depuis cette menace ; sept mois sont plus qu'un moment ; elle manquait donc de vérité sinon de sincérité. D'autant que si on voulait s'adresser aux tribunaux, il suffisait d'envoyer une simple procuration.

Voilà dans quel néant la Providence a fait tomber ces bruits désordonnés, des langues, des journaux, de la protestation du coupable : vacarme si canonique, si édifiant dans mon canton ! quel désordre il a jeté dans quelques esprits !

La menace de l'exilé d'Irun semble avoir été ramassée par d'autres. La Providence a voulu forcer mes résistances, et me donner enfin, avec le droit et le devoir, la volonté d'adresser à Votre Sainteté ce Mémoire qui sera le dernier. Elle a permis d'abord qu'on me frappât de nouveau, mais comme en cachette, sans avoir l'air d'y toucher, sans paraître violer les saints canons Voici comment :

« Bayonne, le 15 avril 1868.

« Très-Chers collaborateurs, les conférences ecclésiastiques, « dont le cours avait été suspendu *provisoirement*, vont être « reprises immédiatement. »

Cette circulaire épiscopale vient soudain rétablir parmi nous avec ces conférences les examens des jeunes prêtres : utiles institutions suspendues *provisoirement*, dit Monseigneur..... Mais depuis la bagatelle de *vingt ans* ! si mon affaire avait pu contribuer à leur rétablissement, elle aurait fait un grand bien. *Vingt ans* nous avons été déshérités de l'étude collective et de la science qui en est l'heureux fruit. *Vingt ans*, les prescriptions de nos statuts à cet égard, et les conseils du dernier concile provincial approuvé par le Saint-Siége ont été une lettre morte dans notre diocèse. *Vingt ans* nous avons attendu de nouveaux statuts approuvés, toujours promis, jamais publiés. Ah ! que de maux a produits dans mon canton ce trop durable provisoire ! Pour me borner à mon sujet si la douce chaîne des examens et des conférences avait attaché à leur cabinet nos jeunes prêtres bien-aimés, classe si digne d'intérêt ; au lieu d'employer leur bouillante ardeur dans des luttes inqualifiables contre leurs curés, contre la hiérarchie, contre le bien, quelques-uns, dont nous pleurons la perte, n'auraient pas dû s'exiler, pour délits graves, devant les menaces de tribunaux religieux et conservateurs. J'ai connu, hélas ! en peu de temps, trois vicaires dans ce cas sur une petite ligne de trois lieues à partir de ma paroisse. Je pense que j'habite la *portion la plus malheureuse du royaume de Dieu.*

Essuyant mes larmes, je reviens à la circulaire. Elle semble avoir hâte d'arriver à moi, d'organiser authentiquement le désordre dans mon canton. Car elle ajoute aussitôt : « les confé-« rences se feront conformément aux statuts et à notre ordon-« nance de 1846, avec les modifications qui suivent. »

Or, ces modifications, annoncées au nombre pluriel, se bornent à une seule, à celle qui me concerne exclusivement et m'affiche dans mon canton. En effet, cet acte épiscopal énumère, il est vrai, six autres cantons qu'il unit en trois conférences. Mais se conformant au droit français, à nos statuts et au dernier concile provincial, il déclare successivement qu'elles seront toutes présidées par le doyen du district où elles se tiendront. Viennent ensuite les cantons d'Arudy et de Laruns, unis aussi en une conférence. Celle-là seule siégera sous la présidence du doyen de Laruns, à Bielle, district ecclésiastique d'Arudy. La circulaire fait ainsi table rase et de mon titre de doyen, et de ma qualité de curé de canton et de l'article 31 de la loi du 18 germinal an X, qui m'attribue la présidence de mes confrères comme seul curé inamovible dans le Bas-Ossau. Elle veut que les yeux les plus vulgaires voient ce singulier spectacle d'un doyen appelé à présider hors de son district, non en vertu d'une commission passagère, mais par suite d'une circulaire, d'un acte solennel faisant droit durable, permanent. Je n'ai protesté que par mon absence des conférences contre cette étrange combinaison. Je suivrai encore cette ligne, voyant couler de plus en plus à pleins bords le désordre cantonal, comme coule le torrent qui descend mugissant et enflé par les orages des hautes montagnes. Je ne dirai rien d'intime de cette conférence de Bielle, croix dressée enfin pour m'achever. C'est dans un canton bien important pour l'Eglise ; c'est à Bielle, près de deux établissements thermaux fréquentés par des milliers de protestants ; c'est à dix kilomètres d'un temple réformé à Bonnes, d'un autre temple en construction à Chaudes que l'on ose afficher injustement vingt-quatre prêtres sur la sobriété. On viole les canons et nos ordonnances ne craignant pas de leur dire aux conférences : « Retirez-vous sans réfection commune, allez prendre isolément votre frugal repas !!! c'est à Bielle que semblent avoir été élaborées, mûries, lancées sur tout le diocèse les énormités qui suivent et dont le retentissement va provoquer sur ma paroisse, sur le pays, sur l'Espagne, une invasion, une guerre permanente du protestantisme d'argent, alléché par des scandales jusqu'ici sans nom dans l'Eglise de Dieu.

C'est un pamphlet, un sanglant libelle, qui a causé ce triste événement. Signé par un desservant de mon canton, M le curé de Bielle, il est intitulé : *Le Pamphlétaire jugé par luimême, ou réponse au libelle de l'abbé Bergé, mémoire d'un prêtre innocent ou la Providence dans l'affaire d'Arudy*. Il n'a vu le jour que le 20 juillet dernier, quoique tous les journaux du département, sur le signal de celui de l'évêché, l'eussent annoncé, dès le 20 juin, comme *déjà paru, déjà publié*, annonce aussi vraie que le titre. Le titre d'une publication est d'ordinaire très modéré. Que de fiel dans celui-ci ! Comme l'ouvrage ressemble à ce début ! Je le joins à ce mémoire, désirant qu'on ait la patience de compter à Rome les milliers de paroles injurieuses qui s'y trouvent, et dont un laïque bien né est sobre, même dans la conversation. C'est un reflet de la violence de mes ennemis. c'est une débauche de littérature néo-romantique. On y débite, en style boursoufflé, tous les mensonges déjà récités par un des avocats du coupable devant les tribunaux, inventions accueillies par la magistrature avec le profond mépris que produisait, aussi dans le public, la vérité démontrée dans de vastes enquêtes et de sérieux débats. On leur fait encore aujourd'hui le même accueil dans ce pauvre livre. Ce qui est jugé est fini. Pourquoi d'ailleurs répondre à un tas d'injures, de mots sonores, vides de sens, dénués de preuves, de faits et de documents ; à l'absence complète de toute discussion sur ceux que j'ai publiés, dans mon mémoire à S. M. l'Empereur. Le libelle de Bielle n'y répond absolument rien ; il n'essaie pas même d'y répondre d'une manière quelconque. A part le premier chapitre, qui a pour titre *la foi et le visionnaire*, et dans lequel, posant des principes qui saperaient par la base toute manifestation surnaturelle, même biblique, s'ils étaient vrais, l'écrivain ramasse, dans les invectives du protestantisme et de l'impiété, toute sorte de fades plaisanteries et d'outrages, pour les jeter sur quelques lignes de mon travail, où j'énonce, sans conclure pour les autres, la protection de la Providence dans mon affaire, et les conseils et les douces consolations de Notre-Dame-Immaculée de Lourdes ; à part ce chapitre, qu'il écrit sans compétence comme sans enquête, sans qualité, usurpant un pouvoir exclusivement propre à l'Eglise, il n'essaie pas même de s'en prendre à une seule page de mon Mémoire. Ce Mémoire, en effet, est l'histoire de mon affaire contre les calomniateurs de mes mœurs. Le pamphlétaire de Bielle laisse de côté cette capitale affaire des mœurs, c'est à dire toute la question, la seule question de mon travail, pour circonvoler, tirailleur sans portée, autour de ma ligne, que jamais il n'essaie d'entamer. Dans le deuxième chapitre, sur l'obéissance, au milieu d'un flot de déclamations, il déclare faux témoin le respectable abbé Périssé, dont tout le diocèse reconnaît la haute sainteté et dont la déposition est confirmée par celle du chanoine et de l'abbé Brune. Il provoque longuement mon vicaire actuel à la révolte contre son curé. Le troisième et dernier chapitre *sur la charité* est évidemment la plus claire expression de la haine, de la vengeance ; c'est de plus un appel à l'insurrection du pays contre moi. Il ajoute, il retranche tour à tour aux citations ; il crée des faits qui n'ont jamais existé ; il use largement de l'art de diminuer et d'aggraver. Je n'entrerai point dans des détails sur un livre dont l'auteur serait sévèrement repris par la justice si je ne lui pardonnais ; tout le monde en convient. Mais M. le curé de Bielle n'a d'après moi qu'un tort : celui d'avoir prêté sa signature et couvert de sa responsabilité d'éditeur les véritables auteurs de ce pamphlet, dont les noms auraient été plus que compromettants.

Tant de fiel ne peut entrer dans l'âme d'un confrère qui n'a jamais eu rien avec moi, excepté le bien dont je me suis toujours efforcé de le combler contre ses nombreux ennemis. Si sa main, caressée depuis deux ans par certaines influences, a lancé cette bombe d'enfer remplie de vengeance, de fétide fumée et de venins mortels, sa plume et son cœur y sont étrangers. On ne change pas tant pour rien, à moins que Satan ne s'en mêle. On ne sort pas soudain à froid avec ce torrent de colères, un an révolu après la publication et la lecture de mon Mémoire. On n'oublie pas à ce point ce qu'on a dit tant de fois, même à des notabilités laïques, moins encore ce qu'on a écrit dans la lettre suivante :

« Monsieur le Doyen, nul parmi vos amis n'a pris une part « plus sincère que moi à toutes vos peines. Je demande tous les « jours au Seigneur qu'il vous fasse trouver *dans la piété et la* « *vertu de votre cœur* la force nécessaire pour vous élever au- « dessus des *horribles tracasseries des méchants.* Vous avez dû « souffrir beaucoup en voyant des frères *indignes de ce nom* au « nombre de vos *rares* ennemis. Vous n'êtes pas le seul à vous « plaindre de cette *légion de faux frères,* dont le grand apôtre « s'était plaint avant nous. Courage donc, monsieur le Doyen, « courage, et comptez sur le dévouement et les prières de « vos amis. »

On a donc adoré ce qu'on brûle et brûlé ce qu'on adore. M. le curé de Bielle m'écrivait cette lettre le 9 septembre 1864, six jours après ma révocation bien connue de doyen, un mois après ma prétendue violation de la charité par la condamnation de deux prêtres et de quelques paroissiens, quatre mois après ma soi-disant désobéissance par un recours à la justice laïque. Est-ce le même homme qui a pu tour à tour distiller la haine dans le pamplétaire sur ce qu'il loue dans cette lettre et qui a loué ce qu'il blâme ? Faut-il ajouter une autre page au chapitre satanique des contradictions? Serait-il donc vrai une fois de plus que quiconque vient frapper sur l'enclume de cette affaire cesse d'être lui-même, se dément, s'affaisse et se perd ? Encore si le prêtre pouvait se perdre seul ! Mais hélas ! le faux frère s'appelle *légion* d'après le pamphlétaire.

L'apparition de cette brochure a coïncidé avec le loyer du château de ma paroisse par une colonie de 50 protestants non plus dogmatiques comme Luther, mais pratiques et armés de bank-notes, de guinées. Un ministre les préside. Ils construisent de vastes écoles pour initier de pauvres enfants à leur fausse religion. Ce seront un jour, surtout pour la catholique Espagne, des ouvriers missionnaires qui propageront au loin et près le règne du démon. La propriétaire du château, qui seule a signé, qui seule pouvait signer le bail, est une personne pieuse d'Arudy, qui communie tous les jours depuis 50 ans. A la première nouvelle de cette faute, qui ouvre à l'hérésie ma paroisse et mon canton, je lui ai défendu en particulier de se présenter à la sainte communion, même en danger de mort, avant d'avoir rétracté cet acte. Monseigneur consulté a répondu par écrit, le 5 août, qu'il faudra refuser les saints mystères à cette dame jusqu'à ce qu'elle ait mis d'accord ses actes civils avec ses actes religieux en résiliant le bail. Elle s'est néanmoins présentée à la Sainte-Table le 23 août, prétendant ensuite que l'Evêque avait levé de vive voix sa prohibition. Tous les journaux rouges du diocèse, l'*Indépendant*, le *Libéral*, répétés et commentés par leurs confrères de France et d'ailleurs, se sont élevés avec violence, en dénaturant les faits, contre cette mesure, contre moi seul, ne faisant que des éloges de l'Evêque et de la dame. Je suis d'après eux un type d'*intolérance religieuse*, le *Dominique arudien* ; je les *brouillerai* par ma *tyrannie* avec *Notre-Dame de Lourdes ; l'Eminent Prélat a prodigué ses consolations à cette personne : elle pourra communier !* Or une note, un mot de l'administration diocésaine aurait suffi pour faire connaître la vérité, imposer silence au journalisme, me rendre une partie de ma réputation. Ce mot, cette note n'a point paru encore, et je l'ai attendu en vain dans le silence plus d'un mois. Pourquoi ? Quel mystère gît dans cette affaire ? L'évêque aurait-il détruit, par ses actes et ses paroles, sa décision écrite sans nous le faire notifier ? Oui.

Il faut que ma coupe achève de se remplir du fiel et du vinaigre de l'hérésie : « Va, je te livre pour six ans cette belle « paroisse et ce canton. Ne crains pas celui qui a mission « de t'arrêter au premier pas. » Quel calvaire ! quelle croix ! ô mon doux Jésus, écoutez mes sanglots et les cris de ma détresse ! bonne Marie, protégez ma paroisse et mon canton !

Nouveaux et lamentables désordres surajoutés à tant de précédents désordres contraires aux saints canons. Qu'il me soit permis d'en présenter ici une faible esquisse, une nomenclature très incomplète, moins pour blâmer personne que pour faire entrevoir l'étendue de ma patience et de mon pardon.

Désordre d'abord d'un vicaire, logé officiellement chez l'ennemie notoire du curé, et maintenu quatre ans dans ce logis, et dans la paroisse, qu'il s'efforçait par tous les moyens de soulever contre le pasteur : subalterne appuyé par la correspondance quotidienne de l'Evêché, et qui ne cessa de s'acharner sur la vie de son chef très malade, en calomniant son honneur sur une échelle incroyable ; subalterne que l'administration couvrit d'un éternel déni de justice, jusques et même après que les tribunaux l'arrachèrent enfin de ses puissantes mains ; subalterne autorisé par la dépêche télégraphique suivante à dénoncer les premières hostilités d'une longue guerre contre la chose jugée : « Si condamné, appel immédiat, vous serez soutenu à Pau » ; subalterne qui savoure ensuite depuis quatre ans dans son exil le triste plaisir de faire continuer indéfiniment cette guerre, après que sa quadruple condamnation a force de loi, et de se voir vanté comme un saint par la presse d'oppo-

sition et par la gazette de son Evêque ; subalterne convaincu
contre son supérieur, son curé, son doyen, des calomnies les
plus énormes adressées au faîte du pouvoir laïque, partant
tombé dans un cas grave, devenu plus grave par l'exercice
subséquent de toutes ses fonctions, et de plus par une flétris-
sure juridique de neuf mois de prison ; subalterne cependant,
autorisé, disait-il hautement, à forcer l'entrée d'une sacristie,
d'un confessionnal, si longtemps profanés par lui, et, de plus,
à réclamer, par le ministère d'huissier, les saintes huiles des
mourants, à les arracher comme un bien profane des mains du
curé, chargé par toutes les lois dans sa paroisse de faire respecter la décence imposée par les saints canons et le respect
au moins apparent des décisions les plus mûries et les plus
solennelles de la justice ; subalterne en faveur duquel l'Evêché
avait fait demander par ses agents quasi-officiels la démission
d'un curé inamovible, en s'en cachant lui-même comme d'une
faute, après l'avoir refusée offerte spontanément ; subalterne
hautement soutenu, sinon autorisé, jusque dans des sous-
tractions, des sacriléges, des insurrections au lieu saint, et
jusque dans une immense fabrication de plaintes, de calomnies
dégoûtantes, propres à forcer la patience et la démission même
des anges du Ciel ; subalterne flétri par la loi, à qui on a fait
l'honneur de laisser douze mois son vicariat vacant, avec ce
dilemme tacite, mais évident, contre le curé calomnié par lui :
ou se démettre ou mourir ! et lorsque, cédant devant l'intervention de l'autorité civile, on dut nommer un nouveau vicaire,
on le choisit *malade, nerveux, sans espoir de guérison* ; mais,
par une disposition de la Providence, ce malade s'est trouvé un
bon, un vrai prêtre, un beau caractère, qu'aucune intrigue n'a
·jamais pu détourner de ses devoirs envers la vérité et l'innocence, envers son pasteur, qu'aucune menace n'a pu intimi-
der : soyez béni, saint prêtre !

Je fais une pause pour ne pas mettre hors d'haleine le lecteur
le plus intrépide, tant est longue la simple liste des violations
des saints canons dans mon affaire, quoique incomplète.

Parlerai-je un peu aussi des désordres anti-canoniques contre
les droits les plus clairs du doyen ? au commencement de 1861,
après avoir étudié un an son canton, il est frappé de la néces-
sité de certaines réformes. Il ose soumettre l'idée d'une seule
à l'Evêque. Sans nommer personne, il lui signale un abus bien
connu, bien protégé en haut lieu depuis vingt ans, et qu'un
chanoine venait présider en personne ; au fond, le plus innocent de tous les abus, celui qui devait opposer, ce semble, le
moins de haine et de résistances : je veux parler du jeu de

cartes, trop hanté par un groupe de desservants. Un décret impérial venait de le proscrire dans les réunions clandestines. Le dernier concile provincial l'avait défendu aux prêtres, non sans de hautes raisons parce qu'il peut remplacer parfois l'aumône, l'étude, la prière, les exercices du culte privé ou public. L'Evêque demanda les noms des coupables connus de lui depuis 20 ans. On trahit le secret.

Doyen livré dès lors aux joueurs et surtout au vicaire leur chef de choix ; doyen remplacé dans ses fonctions par de simples desservants pour l'installation successive de quatre nouveaux titulaires dans le canton, l'exception devenant la règle ; doyen à qui l'on défendit de jamais parler dans ses fonctions en faveur des pauvres vieillards qu'il nourrit à ses frais dans son hospice avec de notables privations ; doyen qui ne cesse d'obéir à cette injuste défense et qui obéira dans l'indigence jusqu'à la mort. On le livra ensuite quatre ans aux insultes d'une sorte de loge mazzinienne d'autant plus dégoûtante dans ses injures journalières qu'elle avait été recrutée plus bas Séparée de son chef au grand jour de la justice, elle est remplacée enfin par les démonstrations joyeuses des joueurs et consorts, qui refusent à leur confrère, sinon leur supérieur, les actes les plus vulgaires des convenances et de la politesse, quelques-uns même devant la mort : tout cela couronné des faveurs ostensibles d'un évêché français, nouveau genre d'interdit et d'excommunication, sans la franchise qui la dénonce et la promulgue ! mais peut-être trouvera-t-on dans ma révocation comme doyen cette divine franchise qui a toujours caractérisé l'Eglise catholique depuis St-Ambroise et Théodose jusqu'à Pie IX et Victor-Emmanuel. Quel est l'hérétique, le schismatique, le clerc, le fidèle en révolte à qui l'on n'ait écrit ou dit avant de le frapper : rétractez votre erreur, soumettez-vous, corrigez-vous, obéissez ! Jamais aucun ; et si la passion, remplaçant l'esprit de Dieu et de son royaume, a fait omettre peut-être un jour toute monition ; les censures ainsi faites ont été jugées, traitées comme nulles ; à plus forte raison, quand l'acte même qui frappe, qui révoque, outre le manque de monition, n'exprime aucun motif, n'est précédé ni suivi d'aucune explication. J'ai sollicité en vain une explication d'abord par mes lettres, ensuite publiquement dans le dernier chapitre de mon premier mémoire. Or le colonel qui brûle au champ de bataille la cervelle d'un de ses officiers lui dit énergiquement pourquoi ; il le dit au moins à la famille, à la postérité ! mais moi ? mais des ministres de Jésus ? est-ce même croyable ? voyez donc le crime toujours implicitement renfermé dans ce silence. On frappe sans monition et sans même dire pourquoi ; on ouvre ainsi un vaste champ aux suppositions les plus coupables depuis l'escroquerie jusqu'à l'assassinat. De plus ici, par une hardiesse sans précédent depuis le moyen âge, peut-être, on oppose hautement cet acte qui tue, à la justice française, agissant dans sa compétence en matière de délit, de calomnie, et rendant la vie de la réputation. S'il fut jamais un acte nul, celui-là l'est assurément L'administration a balbutié cette réponse : « Les titres de doyen sont révocables à volonté, d'après l'article 323 de nos statuts. » Mais ce droit subsistât-il encore contre le droit commun de l'Eglise universelle, reçu au moins en principe dans notre diocèse ; qu'est-ce que révocables à volonté, *ad nutum*? Veut-on dire arbitrairement, injustement, sans motif, sans monition et sans explication? Non mille fois, ce langage ne fut jamais ecclésiastique ; ces mots païens, les Bossuet, comme les Pie de Poitiers, les Dupanloup d'Orléans, les Lavigerie d'Alger, les Laurence de Tarbes, les Plantier de Nîmes, etc. les ont toujours bannis de leurs écrits et de leurs lèvres sacrées.

Le pamphlet de Bielle, qui me notifie les conditions de la bienveillance de mon Evêque et pose comme autorisé ; ce livre qui a été exposé en vente dans la dernière retraite pastorale, à la boutique du grand séminaire, avec un insuccès complet ; cherche en vain dans cette affaire l'ombre d'une monition. Il la suppose gratuitement dans ces paroles du prélat : « Je ne m'y « oppose pas... Mais les juges de la terre ne rendent pas toujours « justice ! Dans ce cas, je vous interdirai. » Comment ? *il ne s'oppose pas*, et l'on ose imprimer qu'il a fait par ces mots une monition de défense, d'opposition ? *Il m'interdira dans le cas* où les tribunaux *ne me rendront pas justice* : et on lui fait dire qu'il me frappera triomphant devant les tribunaux ? *Il m'interdira* ; oui, mais absolument, de tout, comme curé et comme doyen, si le sceau de la justice et de l'opinion venaient flétrir ma renommée. Il n'énonçait en cela qu'un devoir bien simple, dont je lui aurais certes épargné la douleur, dans lequel le garde des sceaux devait l'appuyer ; et qu'il avait d'ailleurs, dans ce cas, le droit canonique de remplir contre tous mes pouvoirs spirituels. Mais m'interdire seulement comme doyen après et malgré mon triomphe ! Il n'en a jamais été question d'avance ; et la première nouvelle que j'en ai reçue, c'est le coup même qui m'a frappé. Pourquoi donc l'a t-on frappé sur le doyen et non sur le curé? Pourquoi a-t-on laissé deux mille âmes, un chef-lieu, dans ses mains, si ses mains étaient canoniquement indignes, cela durant quatre ans encore ? Pourquoi cette

entorse à la conscience, à la logique? Il n'y a ici qu'une erreur.
L'Etat, ne reconnaissant que des curés de canton, n'aurait
demandé compte que du retrait des pouvoirs paroissiaux. Rome
et le ciel, qui semblent loin en France, pouvaient seuls réclamer en faveur du doyen. Or l'article 325 de caduque mémoire semblait permettre de révoquer celui-ci en paix, sans
cause, sans monition, sans explication, comme on n'en use pas
envers le dernier des vicaires du dernier des desservants.

On s'est trompé. Voilà tout

Après cette interminable série de mauvais traitements, tous
d'une grande notoriété, Votre Sainteté pourrait supposer que
ma faible nature succombant sous le faix, s'est laissée aller
quelquefois à des murmures publics dans mes fonctions ou
ailleurs contre les bras qui s'appesantissaient ainsi sans pitié.
Non, jamais, non, nulle part! De plus, la Providence m'a fait la
grâce de rester toujours dans les règles de l'obéissance. J'ai eu
le bonheur de n'en jamais sortir. J'ai obéi en fait, même en
1863, lorsqu'une dépêche télégraphique de Monseigneur portant
une *réponse négative*, me refusant toute justice, soit civile, soit
ecclésiastique, me plongeait à jamais sans espoir dans les fan-
ges infectes des plus dégoûtantes calomnies. C'est Marie qui, me
rappelant mes ardentes aspirations pour le bien avant et depuis mon ordination, ne voulut pas que je parusse en justice
sans la permission de mon supérieur. Cette autorisation se fit
quelque temps attendre. Mon cœur de prêtre ne cessa durant
douze mois de tourner mes regards, mes prières, mes amis, ma
fabrique, des magistrats de l'ordre civil et judiciaire, des religieux, des prêtres haut placés, tous les moyens auxquels peut
songer une âme soumise, vers celui que Dieu et l'Eglise ont
chargé de rendre justice. Je sollicitais si peu de chose : d'abord
l'envoi du coupable dans un autre diocèse ; ensuite son simple
éloignement de la paroisse ; enfin sa séparation de moi et de
nos fonctions communes aux mêmes autels. Hélas ! tous mes
efforts furent inutiles ; l'enfer les rendit vains ; la Providence
permit je ne sais quel aveuglement, et le scandale éclata. Etait-
ce ma faute ? N'étais je pas calomnié ? Ne fallait-il pas une
justice quelconque ? L'Eglise, qui a fait les règles canoniques
de ses juges, les a-t-elle dispensés dans quelque cas de ter-
miner les différends, de prononcer sur les litiges, sinon en
public, du moins à huis clos ; sinon par des jugements solen-
nels, au moins par des mesures ; sinon par des mesures com-
plètes, au moins par des demi-mesures? A-t-elle jamais voulu la
mort, par l'étouffement dans l'ombre, des innocents ou même
des coupables?

Donc c'était le cas ou jamais de la vieille maxime que
quand le juge de l'Eglise se retire, on va de plein droit à
celui de l'Etat. Et cependant quelle attente, quels circuits
encore ! quelles consultations préalables, même auprès de
savants et saints évêques, pour savoir si je pouvais en droit
et en conscience appeler cette affaire à Rome, au métro-
politain ou bien devant les tribunaux ! Qu'aurait-on à me
reprocher après cela, si je m'étais passé de toute permission de
de mon évêque ? Mais non, il m'avait dit de sa voix et de sa manière la plus solennelle : « Je ne m'y oppose pas, non. Mais il
« n'est pas facile d'arriver aux juges de la terre ; si l'on y par-
« vient, ils ne rendent pas toujours justice. Dans ce cas, je vous
« interdirai. » Ne pouvais-je pas, interprétant ces claires paroles, aller au for laïque sans son commentaire officiel ? Mais le
Seigneur me l'envoya huit jours avant tout acte judiciaire de
ma part. Un prêtre très haut placé dans l'arrondissement de
Pau et dans la confiance de Monseigneur, me déclara que j'étais
autorisé à traduire mes calomniateurs devant les tribunaux ; que
cette permission m'avait été donnée verbalement à Igon, dans
mon audience auprès de Sa Grandeur ; que l'Evêque le lui
avait dit lui-même à Nousty. Enfin le Ciel me remit cette autorisation écrite et signée de la main de mon supérieur, dans
sa lettre du 3 mai 1864, citée dans mon mémoire à S. M. l'Empereur. Plus respectueux et plus juste que le pamphlétaire de
Bielle, j'accorde ainsi à la haute intelligence de Sa Grandeur
au moins le sens commun le plus vulgaire dans cette auguste
missive. Comment après ces données irréfragables peut-il avan-
cer et délayer germaniquement dans 134 pages que mon mémoire et ma désobéissance en saisissant la justice laïque, est la
cause cachée de ma révocation comme doyen, de ma longue
disgrâce, de plus de l'éloignement de quelques confrères du
canton ? Comme si d'ailleurs ma disgrâce ne datait pas de 1861,
quatre ans avant tout acte judiciaire, sept ans avant tout mémoire ! Comme si l'éloignement de ses confrères n'avait pas
commencé en 1862, avant toute pensée de procès et de mémoire, dès qu'on avait su certainement que je n'étais point en
faveur ! du reste je n'ai jamais demandé leur adhésion.

Je viens d'esquisser mon gentil martyre, que les coupables
n'essaieront jamais d'excuser sans devenir plus criminels. Des
prêtres seuls, suivant ce qu'ils croient le désir de l'administration, en sont aujourd'hui les auteurs ! le public, après
avoir longtemps observé de ses yeux, a jugé comme les tribunaux et plus sévèrement encore. Je ne puis accuser la scélé-
ratesse des hommes dans l'égarement de quelques frères. Je

devais l'attribuer au démon. Ainsi le voulait la charité sans aucun doute ; mais c'était aussi justice, vérité ! On n'expliquera jamais adéquatement cette affaire sans les causes surnaturelles : telle est ma profonde conviction. Ce serait la conclusion évidente d'une enquête sérieuse faite par ordre de Votre Sainteté.

Il est temps que le Pontife suprême d'une Eglise divine, dans laquelle ses ennemis même sont habitués à voir une grande école de respect, soit enfin saisi de cette affaire, dise son mot, y mette fin.

Je ne demande à cet effet d'autre sacrifice que celui de mes intérêts et de la justice qui m'est due. Pour ce qui est des autres, je me borne à solliciter que mon vénéré supérieur, cessant d'attaquer les arrêts de la magistrature française, retire la main qui frappe l'innocence et couronne la violation publique des saints canons dans mon malheureux canton. Qu'à cet effet, Rome l'engage à reconnaître et à respecter mes droits de curé et ceux de doyen. Le reste par suite ira de soi. Cette conclusion, simple, toute de sens pratique nullement excessive, parfaitement au pouvoir du Saint-Siége, est en un mot la restauration de la légalité canonique dans le district d'Arudy, si menacé dans son avenir religieux par le protestantisme. J'ose l'espérer de la haute intervention de Votre Sainteté, dont le couchant et l'aurore proclament la bonté, la justice, l'impartialité. Mais je ne puis finir sans soumettre au Saint-Siége un autre vœu d'une haute importance.

Mes longues souffrances dans de trop durables désordres contraires aux canons, appellent sans aucun doute l'établissement légal de nos officialités, afin qu'appliquant les saintes règles, elles nous portent davantage à les étudier, à les observer. De plus, la famille, la société, la religion ont intérêt à ce que le sacré ministère des âmes, qui peut parfois tomber dans quelques mains indignes, soit toujours maintenu à sa hauteur divine, efficacement contrôlé et par l'autorité incontestable des évêques et par leurs officiaux, jugeant avec l'indépendance de l'inamovibilité. Cette double garantie de l'Evêque et de l'official peut être dans l'avenir nécessaire à tous, même aux personnes pieuses, aux religieuses de paroisse, aux conseils de l'Eglise et de la commune. Le mauvais prêtre apparaît comme un avertissement pour tous les siècles au début même des saints évangiles dans la personne d'Iscariote. S'il parvient à gagner les faveurs de l'administration, il faut, il importe qu'il tremble devant la justice. Cette conclusion se déduit trop clairement de mon affaire ; elle est fondée d'ailleurs sur la distinction élémentaire dans toute société de la justice et de l'administration, sur la première des libertés, savoir : les lois et les tribunaux. Nos officialités sont depuis trente ans en France l'objet des vœux des publicistes chrétiens les plus distingués et des prélats les plus savants, les plus amis de la discipline. « Pour ce qui regarde l'officialité, dit Monseigneur Sibour, elle « m'a rendu les plus grands services. Loin d'être un appui « pour les mauvais prêtres, ce tribunal, au contraire, a été leur « épouvante. (Inst. dioc. t. II, p. 57.)

« Faut-il rétablir les officialités, se demande M. de Corme-« nin ? Sans doute, on sent que les institutions purement épis-« copales vivent ou meurent au souffle des évêques. Elles ne « peuvent servir que de transition à l'institution légale des « officialités. Toute cette matière a besoin d'une nouvelle législ-« lation, conforme aux nécessités de l'Eglise et aux exigences « du temps. En effet, d'un côté les évêques peuvent statuer sans « forme et sans instruction ; de l'autre, le Conseil d'Etat n'offre « pas assez de sûretés dans sa procédure, dans sa composition « et dans l'application de la peine. (Droit administratif, t. II.) »

Partant, il fallait d'abord soumettre cette idée à S. M. l'Empereur, dont l'initiative ou le concours est si puissant, et qui devrait sur le terrain de cette affaire mixte, marcher d'accord avec le Saint-Siége. Sans le papier timbré, sans l'appui des lois civiles, nos officialités, même parfaitement canoniques (la nôtre ne l'est point), seront impuissantes au moins dans les grandes affaires, soit pour faire comparaître les parties et les témoins récalcitrants, soit pour river les consciences à la vérité, soit pour forcer à payer par qui de droit les frais et les condamnations. Les monitoires sont peu de mise en cette matière depuis le concile de Trente. Dans notre siècle d'incroyance et d'indifférence, le parjure, sans la crainte d'une répression, se multiplierait effréné à l'infini.

Je devais en outre adresser ma prière à l'épiscopat français, ce corps puissant et vénéré, sans le vœu duquel un gouvernement sage ne songera jamais à un changement législatif en matière religieuse. Je devais l'adresser à ces illustrations chrétiennes qui éprouvent le besoin d'alléger le poids écrasant de leur responsabilité personnelle, de consacrer plus de loisirs à la gloire, à la grandeur scientifique et littéraire de leur patrie. Je devais l'adresser à cette pléiade brillante de successeurs des Fénelon, des Bossuet, qui désirent trouver la liberté seule possible de leurs églises, dans le sein de la loi commune, soit par des concordats, soit par la reconnaissance large, loyale, de l'existence et des droits de l'Eglise.

Pour vous, ô notre commun Père ! placée au faîte des lois canoniques, Votre Sainteté ne peut qu'en désirer partout le rétablissement et l'exécution. Elle ne peut que sourire avec bonté au vœu que le dernier de ses prêtres croit avoir mission d'en exprimer à ses pieds sacrés.

Mais tel n'est pas le but principal de mes longues tribulations ! c'est surtout à Votre Sainteté que je dois le soumettre. Je commence à l'exposer en citant un fait dont plusieurs personnes ont connaissance depuis six ans. Elles peuvent en déposer.

C'était le 17 septembre 1862. Ce souvenir saisissant n'a jamais pu s'affaiblir dans ma mémoire. Après avoir vu l'immensité de mon souterrain éclairé d'une vive lumière par la Sainte-Vierge de Lourdes, j'apercevais ensuite de mon lit de douleur, et pendant plusieurs jours, comme des antres noirs le long des routes et des fils télégraphiques qui rayonnent vers Rome. Mon regard ne pouvait en sonder les ténèbres. Mais mon oreille y percevait d'horribles secrets, d'affreux serments contre la Religion et l'Empire. C'étaient des repaires d'impies conjurés formés en sociétés secrètes. Je donnais ensuite un avis aux souverains de France, et les complots des conspirateurs étaient déjoués. Je voyais alors la Cour de Rome dans l'éclat d'un grand triomphe. Les deux puissances se donnant la main réconciliaient par cette étreinte les grandeurs divines du passé avec les Césars du présent, avec la démocratie mouvante des temps modernes. Je trouvais moi-même la fin de mes persécutions dans la stabilité, l'harmonie des deux pouvoirs.

N'ayant aucun rapport direct ou indirect avec la Cour de France, je ne sais dans quelle mesure les documents que je vais citer maintenant ont contribué à l'accomplissement de ce qui précède. Votre Sainteté correspond avec nos souverains ; elle est mieux placée pour le savoir avec certitude.

Le 12 juillet 1867 j'écrivis à S. M. l'Impératrice par ordre de Notre-Dame de Lourdes. Il s'agissait de la santé de S. A. le Prince Impérial, et de quelque chose de plus grand encore qui s'y rattachait, mais dont on me refusa pour lors la connaissance.

Voici cette lettre :

« Madame, je suis certain que Votre Majesté obtiendra un
« grand service de la Sainte-Vierge à Lourdes, en passant de
« Luchon à Biarritz. J'ai de graves raisons de le croire avec
« certitude ; et dès lors je remplis un devoir de Français pro-
« fondément dévoué en vous écrivant ces lignes. »

Les journaux annoncèrent quelques jours après que cette

auguste princesse, malgré son vif désir d'aller à Luchon et de ce lieu à Biarritz, avait dû partir pour l'Angleterre où l'appelaient de mystérieux devoirs. S. A. I. la princesse Clothilde se rendit bientôt de Bonnes à Lourdes, après avoir reçu mon mémoire à l'Empereur. Je ne sais si elle y apporta des vœux collectifs ou personnels ; ni si S. M. l'Impératrice avait fait attention à mon avis, à ma lettre.

Je m'étonne moi-même de ma conviction. Comment ai-je osé écrire avec cette assurance au XIXᵉ siècle, pour Paris, pour la cour du second Empire ? Comment ai-je pu affirmer à une telle épouse, à cette auguste mère que son vœu serait exaucé ? comment ai-je eu ce courage, lorsque tant de salons devisant de maladies incurables, pronostiquaient deux prochaines catastrophes ? Le moindre danger auquel je m'exposais était le triomphe des calomniateurs de ma raison, si la mort, dont la garde impériale ne défend pas nos souverains, était venue me démentir.

Cette conviction profonde était l'effet d'une vraie méthode expérimentale. J'étais habitué depuis cinq ans à recevoir des avis fréquemment réitérés, toujours invraisemblables, mais qui dans l'évènement ne me trompaient jamais. Quelque chose de doux comme une confiance sans bornes à une conseillère toujours exacte et véridique, avait lentement vaincu les doutes de ma raison. Cette loi constante de l'accomplissement contre la vraisemblance, contre mes idées et mes désirs, devait produire la certitude calme que donne la science. Qu'il me soit permis d'en offrir ici, comme exemple, une démonstration dont on peut soi-même voir et palper les preuves en dehors de toute enquête.

Il y a 16 mois que j'ai publié mon mémoire à l'Empereur : tout le monde peut y lire depuis lors *que mon Evêque ne reviendrait point, qu'il s'obstinerait, qu'il persévérerait, qu'il y aurait un interdit moral, une mort morale.* Quel est le lecteur qui l'a cru ? Pouvais-je le désirer ? Qui pouvait lier son libre arbitre ? Or sa persévérance est un fait notoire après ce long espace de temps. Rome saisie désormais, l'avenir n'est plus ouvert qu'à un acte de justice supérieure. Le temps d'un changement spontané est passé ! Qu'ai-je imprimé de plus dans mon adresse à l'Episcopat, il y a onze mois ? *que personne ne répondrait à mon mémoire ; que les deux condamnés principaux achèveraient de s'abattre à l'extrémité de mon souterrain.*

Or, jusqu'à ce jour, 8 septembre 1868, personne n'a répondu à mon mémoire. La protestation de M. Espagnolle n'est point une réponse, on vient de s'en convaincre en la lisant. Celle de M. le curé de Bielle l'est moins encore, puisqu'elle n'a pas même touché les questions et les calomnies traitées dans le mémoire à S. M. l'Empereur. Rome saisie peut seule désormais non répondre, mais prononcer, mais déclarer si la lumière de Lourdes est assez brillante dans mon souterrain ; de plus, si mes deux calomniateurs se sont encore assez abattus l'un avec ses quinze lettres et l'impuissance constatée de son silence ; l'autre avec son intelligence affaiblie, avec sa maison qui s'est écroulée sur lui sans le toucher et qui n'est pas relevée après dix mois. Il a chaque jour la douleur d'aller en contempler les ruines.

Cependant je devais récrire plus tard à S. M. l'Impératrice, mais j'ignorais sur quel sujet. Or, le 8 septembre 1867, le jour même de l'ouverture de l'impie congrès de Genève, dont je ne savais rien alors, le jour même de l'entrée triomphale dans cette ville d'un célèbre général, épée des sociétés secrètes ; la Sainte-Vierge me fit écrire la lettre suivante avec ordre de la dater et jeter à la poste le dimanche d'après, 15 septembre. Je risquais de me faire arrêter comme complice de quelque conspiration ; d'ajouter au moins les persécutions de César à celles de mon Evêque, surtout si la menace contre de précieuses existences que l'on plaçait sous ma plume, venait à s'accomplir. Je n'hésitai pas un instant. Les annonces réitérées de Notre-Dame de Lourdes depuis cinq ans ne me trompaient jamais : j'obéis ponctuellement.

Voici cette lettre :

« Arudy, 15 septembre 1867.

« Majesté,

« Je crois remplir un devoir sacré en vous renouvelant l'hum-
« ble avis contenu dans ma lettre du 12 juillet dernier.

« Je vous supplie d'aller à Lourdes demander un service si-
« gnalé à *la Vierge Immaculée du XIXe siècle*.

« Il ne s'agit de rien moins que d'obtenir *la conservation*
« *d'augustes existences*, et la durée de la dynastie impériale
« par une miséricordieuse dérogation à la loi providentielle,
« qui fait coïncider depuis 1813 des révolutions militaires ou
« sociales avec les minorités de nos princes. Quel bien pour la
« France, pour l'Eglise, pour le monde, que cette durée au
« milieu de tant de causes de destruction !

« Tel est le but principal, d'abord ignoré de moi, que MARIE

« s'est proposé en m'ordonnant de soumettre à S. M. l'Empe-
« reur le premier exemplaire du MÉMOIRE D'UN PRÊTRE INNO-
« CENT. Je prends la liberté de vous l'expédier à vous-même
« par ce courrier, le jour du Saint Nom de Marie, après avoir
« reçu d'*Elle* de nouvelles, d'évidentes preuves de son ineffable
« bonté. J'ai l'honneur. »

Cette lettre arrivait à Biarritz le 16 septembre. Or, le 20, le
cabinet de Florence recevait ou exécutait l'injonction d'arrêter
Garibaldi et de disperser ses bandes en mouvement vers Rome.
Napoléon III avait parlé Vous seul, ô Saint-Père, pourrez savoir
si ma lettre a pu y contribuer. Je l'ignore.

On dit que des fluctuations suivirent à Biarritz, qu'on parut
hésiter ensuite quelques jours entre la *Vierge du XIXe siècle*
et la puissance mystérieuse des sociétés secrètes. Le ciel se
chargea de faire lui-même un commentaire énergique, terrible.
Suivant l'expression célèbre d'un guerrier français, *on battit là-
haut le rappel*. Le 4 octobre, la Cour apprenait presque au même
moment l'évasion de Garibaldi avec la rentrée en campagne de
ses volontaires, et un grave accident sur la côte de Saint-Jean-
de Luz, arrivé à S. M. l'Impératrice et à son auguste fils : ils de-
vaient la vie, après la Providence, au dévouement sublime, à la
mort même d'un pilote français. Afin que la main de Dieu y
parût davantage, la cour, dès le lendemain 5 octobre, apprenait en outre la mort subite, inopinée, de l'un des grands fon-
dateurs du second Empire, M. Fould, ex-ministre d'Etat, frappé
au cœur, près de Biarritz. dans son château de Tarbes, au
milieu de ses nombreux amis. Enfin, peu de jours après, leurs
Majestés voyaient presque de leurs yeux tomber et se briser sur
le rocher de la plage un autre serviteur plus humble, mais non
moins aimé et dévoué. C'était la veille de leur départ pour
Paris, pour de célèbres, d'historiques résolutions, qui ont sauvé
la liberté des peuples avec la stabilité des gouvernements eu-
ropéens, Dieu sait pour combien de temps. On connaît le reste :
Mentana, les applaudissements du 5 décembre, et l'adhésion de
la France noblement guidée par l'Empereur.

Je ne me fais point illusion. L'honneur de la patrie, le traité
du 15 septembre, de hautes supplications peut-être auront
puissamment sans doute poussé les roues dans la même di-
rection. Je me borne à constater des faits dont Votre Sainteté
et les souverains de mon pays peuvent seuls définir l'influence
et fixer l'importance ou le peu de causalité dans l'histoire de
l'Eglise. J'ai hâte d'en énoncer d'autres qui donnent peut-être
l'explication et la clé de certains rôles plus ou moins odieux

que la Providence a permis dans mon affaire, et que j'ai été obligé de décrire malgré moi.

Et d'abord il n'est peut-être rien arrivé à la Cour de France de plus désintéressé, de plus carré, de plus menaçant et aussi de meilleur augure que mon humble parole. On ne pouvait ensuite l'attribuer au fanastisme, à l'hostilité, à la démence, à la perversité d'un mauvais prêtre. La justice des Basses-Pyrénées à tous ses degrés, le mémoire du bâtonnier de Pau, le mien à l'Empereur, venaient de démontrer le contraire dans le cabinet même de nos souverains. Il y a plus, je n'étais pas évidemment dans cette démarche un agent de Rome, puisque Rome ne m'a jamais connu, puisque mes adversaires m'avaient reproché d'avoir célébré dans un discours prononcé par ordre en des temps difficiles, les progrès matériels et guerriers accomplis par S. M. l'Empereur, *sans mot dire du Saint-Père.* On ne pouvait me soupçonner de connivence avec l'épiscopat ni avec les ordres religieux, car mon Evêque et ses congrégations le secondant, me persécutaient, me traquaient en plein soleil depuis six ans. Je n'étais point un émissaire du parti officiel conservateur, moins encore orléaniste ou légitimiste ; on ne m'avait enfin rendu justice devant les tribunaux que comme au dernier des citoyens français. Etais-je l'homme du clergé paroissial, dont pas une voix n'a eu le courage de se joindre à la mienne pour demander les officialités et un avenir meilleur ? Enfin qu'ai-je jamais eu de commun avec les partis socialistes et républicains, dont je venais d'ailleurs combattre l'œuvre plus ou moins collective, dans l'invasion garibaldienne ? Dans cet isolement de tout parti, de tout élément humain, la cour pouvait et devait voir, Rome verra peut-être l'isolement fait de Dieu, la mission de Dieu seul !

Et maintenant, ô Père des chrétiens ! jugez ! jugez une âme inondée des consolations de la Sainte-Vierge malgré de nombreuses imperfections ! Jugez cet humble travail entrepris par son ordre, et qui doit aller tomber en octobre prochain à vos pieds sacrés encore debout alors sur la terre des vivants, encore baisés alors avec amour par la foi de trois cents millions d'hommes ! Je vous l'adresse, ô martyr, ô grand Pape, ô Pie IX ! avec confiance, sans crainte pour la conservation de votre précieuse existence. Souriez à un malheureux prêtre français en rendant la paix à son canton ! bénissez ses prières en faveur du rétablissement des officialités canoniques et légales en France, suivant les exigences des temps ! Cette belle institution ne peut être que l'ouvrage commun des puissants de ma patrie unis par la Providence avec le Saint-Siége. Daigne le Seigneur toucher

nos souverains, saisis les premiers de ma supplique ! Puis
Marie obtenir les lumières d'en haut à l'opinion et à nos futu
législateurs ! Enfin, c'est mon dernier vœu et le plus arden
Puisse notre Evêque bien aimé me pardonner, si au mili
de tant et de si longues souffrances, j'ai jamais laissé échapp
quelque plainte, quelque inexactitude, quelque parole mal inte
prétée par les méchants, soit dans mes conversations, soit da
mes mémoires ; s'il y en a, avec quelle spontanéité je les d
savoue, je les rétracte ! Elles n'ont jamais été dans mon inten
tion ni dans mon cœur sans haine et sans passion.

Capvern, 8 septembre 1868.

Le Curé-doyen d'Arudy,

BERGÉ, prêtre.

Tarbes — Th. Telmon, imprimeur de la préfecture.

www.ingramcontent.com/pod-product-compliance
Lightning Source LLC
Chambersburg PA
CBHW071410030726
47594CB00006B/2387